AF227770

ÉTAT

DE

LA CIVILISATION EN AFRIQUE.

A la fin du XVIIIe siècle, la France envoyait en Égypte une armée vraiment digne de sa haute mission, une armée sans égale chez les peuples les plus militaires et les plus civilisés, car elle comptait presque autant de savans et d'artistes éminens que d'illustres capitaines, et avait pour général en chef Bonaparte. Après des batailles gagnées avec Kléber, Desaix Lannes, Murat, le membre de l'Institut de France discutait avec Monge, Fourrier, Berthollet, Sacy, sur des questions de science et d'art, et pour mieux réveiller le génie de la civilisation dans cette ancienne Égypte, qui avait donné des sages et des poëtes à la Grèce elle-même, il fondait au Caire un institut dont les beaux et impérissables ouvrages ont survécu à nos conquêtes. Le temps seul a manqué à de si grands projets; mais sur cette terre stérilisée depuis des siècles par un despotisme infécond si notre civilisation n'a fait que paraî-

tre, elle y laissa du moins de puissantes semences qui ne tar-
dèrent pas a se développer, et l'Égypte de 1818 entrait déjà
dans cette voie de réformes et de régénération où la guide encore
core son habile et énergique souverain.

Trente ans plus tard, n'est-ce pas un imposant spectacle de
voir la France reprendre l'œuvre interrompue, et les fils des
vainqueurs de l'Égypte reporter dans l'Algérie ce même dra-
peau de la civilisation dont seulement les couleurs étaient chan-
gées ! Il semble qu'une force providentielle pousse la France en
Afrique, et toujours aux lieux où l'humanité a le plus besoin
d'appui... La rapide conquête d'Alger, si glorieuse pour notre
marine et notre armée, fut un grand service rendu à l'Europe,
car cette conquête assurait la sécurité de la Méditerranée, et
anéantissait pour toujours la piraterie barbaresque. En des temps
ordinaires, de tels résultats auraient suffi ; mais la France de
1830, que tourmentait le besoin de faire aussi quelque chose de
grand et d'utile, comprit qu'à côté de cette politique chevaleresque une mission nouvelle et non moins généreuse était imposée
à sa victoire. Ouvrir de grands débouchés aux populations, à
l'agriculture, à l'industrie, former une vaste colonisation pour
y faire refluer l'excès et les malaises de notre vieille société trop
pressée, tenter de relever de l'ignorance et de la barbarie des
peuples qui anciennement ont marqué dans les arts, le commerce et la guerre, cela parut une entreprise pleine sans doute
de difficultés et de périls, mais digne de la politique et de la
grandeur de la France, digne aussi de notre époque d'intérêt
positif, où les plus nobles actes sont jugés sur leurs résultats,
et où la gloire elle-même doit être utile.

Et nous rappellerons ici un fait honorable pour l'Europe : toutes les opinions éclairées, indépendantes, apprécièrent promptement les motifs élevés qui nous retenaient en Afrique, et nous y faisaient accepter tant de travaux et de sacrifices. Ces motifs bien compris nous ont gagné de vives et nobles sympathies ; de braves officiers étrangers sont accourus nous le prouver sur la brèche de Constantine, et les gouvernemens qui s'étaient le plus alarmés de nos progrès sur le continent d'Afrique nous savent gré maintenant de notre généreuse initiative et de la constance de nos efforts. C'est que, dans cette question de l'Algérie, un intérêt commun liait tous les peuples éclairés à la France ; c'est que la civilisation africaine était devenue l'affaire la plus grave, la plus urgente, la plus digne de notre époque.

Quand on réfléchit que pendant des siècles des guerres acharnées, des luttes religieuses et politiques, ont épuisé les gouvernemens et les générations de l'Europe, on doit regretter que tant de forces précieuses n'aient pas plus servi au développement de la civilisation générale, et que, lorsque les grandes puissances maritimes allaient chercher si loin des possessions coloniales, la France et l'Angleterre surtout ne se soient pas plus préoccupées d'un vaste, fertile et populeux continent, que la fortune et la civilisation leur montraient à quelques journées seulement des rades de l'Europe méridionale. Accessible à la fois par quatre mers principales, la Méditerranée, qui est devenue le point culminant du commerce et de la politique du monde entier, la mer Rouge, l'Atlantique et l'Océan indien, qu ouvrent les riches marchés de l'Asie, l'Afrique est admirablement posée pour attirer la sollicitude et les efforts de la civilisation. Sans doute la tâche était immense, mais non au-dessus des forces de l'Europe, et il serait facile de prouver que les différens essais de colonisation ont presque toujours réussi quand ils ont été tentés d'une manière sérieuse. Ces preuves sont au cap de Bonne-Espérance aussi bien qu'à Alger.

Nous ne prétendons pas, toutefois, que la civilisation soit en Afrique une œuvre sans embarras et sans mécompte : nous l'avouerons, en ne considérant que la dégradation et la misère d'un grand nombre de peuples restés encore dans les langes d'une barbarie primitive, la froide raison pourrait trouver quelques spécieuses objections contre l'infériorité des races africaines, désespérer de l'avenir, et conclure contre la civilisation. Mais sans nier l'évidente gravité des faits, pourquoi ne pas remonter aux causes qui ont dû les produire? Ces causes, incontestablement, sont celles qui, partout, dans l'enfance des sociétés, ont fait obstacle à tout progrès : une longue et abrutissante oppression, des cultes absurdes et cruels, source également déplorable d'ignorance et de fanatisme, le manque de communications intérieures, et la difficulté des rapports avec les étrangers, voilà les causes naturelles et logiques qui ont dû étouffer chez les Africains les instincts généreux, comprimer les idées vraies de la morale des hommes et de la justice de Dieu, rendre impossible ou lente toute amélioration sociale et intellectuelle. Mais des influences analogues existaient également dans l'Asie énervée et dans la sauvage Amérique, et l'on ne peut nier que la supériorité européenne n'en ait triomphé, ou qu'elle n'ait réussi à les affaiblir. Serait-il pos-

sible que dans la grande famille des peuples, l'Afrique soit
seule et à jamais privée de la faculté de s'instruire et d'améliorer sa condition, déshéritée ainsi dans ses générations à venir
de tous les bénéfices de la civilisation? cela ne serait ni juste,
ni humain, ui logique. Dans l'ordre naturel, le progrès est la
tendance, le besoin de tous les êtres, loi nécessaire, souveraine,
que la Providence a dû vouloir et faire égale pour tous : oui,
nous croyons à la civilisation africaine, parce que nous croyons
à la justice et à la puissance de Dieu.

Chose remarquable ! de tous les continens entraînés par le
mouvement civilisateur, l'Afrique est aujourd'hui le plus en
arrière, et pourtant c'est de là que la civilisation s'est levée pour
parcourir les mondes. Le nier, ce serait effacer l'histoire, ce
serait oublier le passé de cette antique Égypte, que les Grecs
nommaient le berceau des sciences et des arts, et les Romains
le grenier de l'empire; dont les lumières ont plus tard guidé le
législateur des Hébreux, et qui, dans une longue et glorieuse
suite de rois, de califes et de soudans, comptait les Pharaons,
les Ptolémées, les Sésostris, les Saladin ; qui avait une ville
à cent portes, à cent palais, et qui montre encore avec orgueil
ses sphinx indestructibles, ses gigantesques pyramides et ses
obélisques voyageurs, qu'elle échange contre nos arts, notre
tactique et nos industries. Ce serait oublier qu'à quelques
milles de Tunis fut Carthage, puissante jadis par son commerce
et ses richesses, redoutable à Rome même par sa marine et ses
armes, et dont les savans de l'Europe vont interroger les débris
célèbres. Sur ces côtes barbaresques où commence à pénétrer la
civilisation française, qui ne sait que Rome posséda, durant

des siècles, de florissantes colonies? Ses vétérans y cultivaient la terre qu'ils avaient conquise, et qui nourrissait leur Italie; ses préfets administraient trois cents villes soumises aux lois de l'empire; et quand la foi des premiers chrétiens luttait contre le paganisme de Rome et les idolâtries de l'Orient, l'Évangile avait en Afrique des églises, des conciles, des évêques, des apôtres, des martyrs, et long-temps elle y régna, non par les armes, mais par l'éloquente parole et les exemples de saint Augustin, de Lactance et de saint Cyprien. Même après l'invasion des Vandales, malgré la chute du christianisme, ne voyons-nous pas l'Afrique septentrionale briller encore d'un vif éclat sous le pouvoir clément et éclairé des premiers princes sarrasins? Soldats, missionnaires, poètes, commerçans tout à la fois, les Arabes, venus d'Asie et maîtres déjà de l'Égypte et du nord de l'Afrique, avaient compris que la civilisation seule pouvait assurer leur pouvoir sur le nombre. Dès le VIIe siècle, on les voit continuer l'œuvre de la civilisation commencée par les Grecs, les Carthaginois et les Romains : ils fondèrent des universités à Tunis, à Constantine, à Tripoli, à Fez, à Maroc. Lorsque les Arabes et les Maures débordèrent en Sicile, en Espagne et en France, ils eurent la gloire d'y faire admirer leur courage chevaleresque, et d'y propager l'étude et le goût des arts et des lettres, leurs utiles découvertes, dans les sciences, et leur brillante poésie, pleine d'images orientales, exercèrent une grande influence sur l'Europe du moyen âge.

Armés du glaive et du coran, les arabes s'étaient répandus au-delà des versans de l'Atlas, dans la grande famille des Berbères, dans les déserts de l'Afrique centrale, sur les côtes de la Gambie et de Mosambique, embrassant ainsi l'Occident et l'Orient, touchant à l'Atlantique et à l'Océan indien. Partout victorieux, ces hardis nomades imposaient leur religion, leur langue, leur domination. La langue arabe, qui s'étendit avec le Coran, servit à propager les nouvelles connaissances et les premières relations du commerce : leur religion, remplaçant les stupides superstitions du fétichisme, fut encore un incontestable progrès, et l'on doit aux Arabes d'avoir fait renoncer plusieurs nations aux horribles pratiques de l'antropophagie et des sacrifices humains. Mais leur domination fut rude et avide : les dogmes de la force et de la fatalité, qui font le principe et le droit du despotisme mahométan, ont pour conséquence nécessaire de perpétuer la paresse et l'ignorance des esclaves ; aussi la civilisation des races noires opprimées fit peu de progrès, et il advint qu'elle rétrograda chez les oppresseurs eux-mêmes. Disséminés sur un trop vaste théâtre, les Arabes s'affaiblirent par leurs propres succès. Ces conquérans dégénérés furent à leur tour vaincus et soumis par les Turcs, qui placèrent l'Égypte et les régences barbaresques dans la vassalité de Constantinople ; ainsi la nationalité arabe, qui avait eu une longue et glorieuse existence, s'est misérablement effacée devant une poignée de Mamelouks.

Durant plus de trois siècles, les Turcs, campés en Afrique, gouvernèrent par le sabre ; leur milice redoutable et turbulente disposait arbitrairement des biens et des personnes, même de la vie des souverains qu'elle avait faits. La terreur muette qui escortait ce despotisme militaire, la division qu'il sut entretenir parmi les Arabes, les Maur.s et les autres races indigènes, dont les mœurs et les intérêts restèrent distincts comme leur origine, expliquent une si longue et si tranquille domination. Sous un gouvernement ennemi de toute liberté, de toute amélioration, contempteur fanatique de l'agriculture et des arts, quels progrès pouvait-on espérer? Les anciennes et profondes haines que les Croisades avaient enracinées dans les générations contre le nom chrétien, les habitudes de la piraterie que l'avarice des pachas favorisait, et les fréquentes et terribles représailles de la marine européenne, tout contribuait à éloigner la civilisation de ces côtes inhospitalières. Mais les grands événemens qui, dans ce dernier demi-siècle, ont ébranlé l'empire d'Orient devaient réagir sur l'Afrique. En Égypte, Bonaparte et Mehémet-Ali, les envahissemens de la Russie qui attend, l'arme au bras, un ordre de marche sur Constantinople, l'insurrection de la Grèce et son indépendance signée à Navarin, parmi les débris de la flotte ottomane, la perte de toute la régence d'Alger, la défection au Caire et à Maroc des deux plus grands vassaux de l'état, le soulèvement de provinces entières, au moment où le sultan, engagé dans des réformes difficiles et peu préparées, avait besoin de toutes les forces et de toutes les fidélités de l'empire, il a suffi de la vie du malheureux Mahmoud pour voir s'accomplir tant de malheurs et d'humiliations! Quelles destinées la Providence réservt-t-elle aux Osmanlis en Europe? Nous n'osons exprimer ici nos craintes; mais, en Afrique, l'élément turc, vaincu au Caire, à Alger, à Constantine, a perdu son point d'appui et la force morale qu'il puisait encore dans le divan de Constantinople. Quelle puissance le remplacera? Sur ses débris, verrons-nous s'élever un empire arabe ? La nationalité arabe peut-elle se reconstituer ? De puissans orateurs ont traité à la tribune ces grandes éventualités ; mais elles n'y furent examinées que dans leurs rapports avec la politique européenne. Si le débat, absorbé par les pressans intérêts du moment, avait pu être conduit au point de vue de la civilisation africaine, et de l'avenir de notre colonisation dans l'Algérie, la question aurait pris une nouvelle face ; elle s'éclairait de nouvelles lumieres, et tous les éloquens systèmes qu'elle a inspirés auraient fini, nous le pensons, par des conclusions plus précises et moins contradictoires.

Nous avons dit rapidement le passé de l'Afrique ; maintenant jetons un coup d'œil sur son état actuel, et par des faits positifs, sans exagération, puisés aux sources les plus dignes de confiance, appelons les opinions éclairées et sincères à résoudre elles-mêmes quelques-unes de ces grandes questions d'avenir qui n'intéressent pas seulement notre pays.

La civilisation s'opère en Afrique de deux manières : par les indigènes et par les étrangers. Ce double et curieux travail mérite de fixer l'attention.

Parmi les nations les plus avancées dans l'échelle de la civilisation, l'Égypte se place de droit au premier rang : elle a des écoles pour toutes les sciences et tous les arts, pour les mathématiques, la médecine, la guerre, la marine, l'administration : elle a des imprimeries, des journaux, des bibliothèques, un musée, de nombreuses et florissantes manufactures, des canaux, des bateaux à vapeur; l'art télégraphique, l'éclairage au gaz hydrogène et bientôt un chemin de fer du Caire à Suez, qui sera la porte de l'Asie. Les cent jeunes Égyptiens qui, depuis

1826, se sont perfectionnés dans les sciences et les arts, à Paris, à Londres, en Allemagne, sont devenus à leur tour d'habiles et zélés propagateurs de la civilisation européenne : déjà ils rendent de grands services dans les armées, dans les différentes carrières de l'administration publique, dans les conseils du prince. Cette jeunesse d'élite, qui doit vouloir avec intelligence et une noble ambition la grandeur et l'indépendance de sa patrie, voilà la véritable force, l'avenir de l'Égypte, voilà la plus précieuse conquête, la plus belle couronne du vieux et puissant Méhémet-Ali. Toutes ces vives lumières qui brillent pour l'Égypte réagissent déjà sur les états voisins rattachés à ce naissant empire : elles se répandent sur tout le littoral de la mer Rouge, dans les fertiles vallées du Nil et dans les oasis qui se rapprochent de son cours, dans la vaste Nubie, où les écoles de Merawe et de Damer sont les plus florissantes, et dans cette île célèbre de Méroé, qui, après un sommeil de plus de quarante siècles, commence à renaître à une seconde civilisation.

Au nord de l'Afrique, les états les plus progressifs sont Tripoli et Tunis. Principal dépôt des marchandises européennes pour l'intérieur, Tripoli est redevable de son perfectionnement social au caractère juste et éclairé du pacha Sidi Jussef, à la suppression de cette milice indisciplinée qui, dans les autres états barbaresques, menace à la fois la paix publique et la vie des souverains, et surtout à la stabilité du gouvernement héréditaire, depuis plus d'un siècle, dans la dynastie des Karamanli. L'industrieuse Tunis, dont le territoire est le mieux cultivé de toutes les régences, et qui s'est enrichie par d'anciennes relations commerciales avec l'Europe, possède de nombreuses écoles arabes pour sa jeunesse et d'importantes fabriques pour sa population laborieuse. Le voisinage et le contact de notre colonie d'Alger hâte déjà le développement de la civilisation tunisienne : il en sera de même de Maroc, quand d'injustes défiances seront dissipées, et quand les habitans, chez qui la vie de pirate entretenait des habitudes sauvages et déprédatrices, seront excités par leur gouvernement à chercher dans l'agriculture et le commerce avec les étrangers de plus sûrs et plus légitimes avantages. Déjà on l'a remarqué, l'abolition de la piraterie exerce une heureuse influence sur tout ce littoral ; c'est un germe fécond jeté, en 1830, par la France, et que le temps doit développer.

Après l'Égypte et les états barbaresques, Madagascar est la partie de l'Afrique la plus industrieuse et la plus éclairée. Elle doit ces bienfaits à un homme de courage, de progrès, à un précurseur de civilisation : le roi des Ovas, Radama a fait pour son pays ce que Pierre le Grand et Méhémet-Ali ont fait pour la Russie et pour l'Égypte. Malheureusement la mort est venue le surprendre, en 1828, au milieu de ses plans de réforme ; mais il avait eu le temps de constituer fortement son empire, de discipliner son armée à l'européenne, et d'assurer l'instruction et le bien-être de ses sujets. Ranavala, sa veuve, qui lui a succédé sur le trône, n'a plus qu'à continuer l'œuvre si bien commencée. Émirne, la capitale du royaume, possède des écoles pour la jeunesse, de commodes habitations en pierres, construites par un architecte français venu de l'île Maurice ; des missionnaires anglais y ont apporté une imprimerie, de laquelle est déjà sortie une traduction des saintes Écritures en langue madecasse. L'industrie des Ovas est merveilleuse : ils travaillent les métaux presque aussi bien que les Européens, ils contrefont avec une remarquable facilité la plupart des objets de fabriques étrangères qu'on leur montre ; ils font des étoffes très-belles, d'une longue durée, et des toiles de calin qui sont fort estimées. Comment notre civilisation ne ferait-elle pas de progrès à Madagascar ? Un prince de l'île, dont la résidence est Tinting, a été élevé en France ; le souverain qui règne à Tamatave et à Ivondron, est le jeune et intelligent Mendit-Sara, que nous avons vu à Paris, en 1819, et qui se faisait remarquer par les rares qualités de son cœur et de son esprit.

Là, sans doute, on peut reconnaître le contact, l'imitation de nos idées, de nos arts, l'influence française et anglaise enfin ; mais avec les voyageurs et les missionnaires de l'Europe, pénétrons dans l'Afrique centrale ; les antiques barrières qui nous fermèrent si long-temps ce séjour immémorial de la barbarie n'existent plus, et avec elles tombent des préjugés qu'on peut réfuter par des faits. Aujourd'hui nous connaissons la mystérieuse Tombouctou, le cours du Niger, si long-temps l'objet des incertitudes et des recherches géographiques ; nous savons que les Arabes du désert apprennent à lire et à écrire, qu'ils ont même une sorte d'enseignement mutuel pour leurs enfans ; que de nombreuses écoles existent chez les Mandingo, les Jolofs, les Sousous, sur le plateau de la Sénégambie ; dans les vastes contrées du Soudan, à Tombouctou, Kachenach, Bornou, Haoussa, chez les Foullahs, dont le sultan, le savant Bello, ainsi que les Anglais l'appellent, étonne les étrangers par son esprit judicieux, et leur écrit en arabe des lettres qui feraient honneur aux princes les plus éclairés de l'Europe (1); chez les habitans du Dahorrey, du Benin, du Dagoumba; chez les Ardrahs qui, avant l'invasion des Duhomeys, avaient inventé une sorte d'écriture qu'on pourrait comparer aux *quippos* des Péruviens; chez les Achantis, qui sont les plus puissans, les plus braves et les plus civilisés de toute la Guinée; chez les Demblas, nègres de l'Angola, qui apprennent à lire et à écrire à leurs enfans, afin de pouvoir signaler au gouverneur-général portugais les actes arbitraires des régens;

(1) Voici la lettre que le sultan Bello écrivait au capitaine Clapperton qui le visitaen 1828 :

Au nom de Dieu, louanges soient à Dieu ! Abdallah Clapperton, salut et estime.

Vous êtes maintenant notre hôte, et un hôte est toujours bien reçu par nous; vous êtes le messager d'un roi, et le messager d'un roi esi toujours honoré par nous; veus venez à nous avec le caractère d'ambassadeur, et nous protégeons les ambassadeurs. Les ministres de votre roi n'ont eu aucun tort en vous en voyant au scheick de Bornou, et vous avec raison de vouloir vous rendre près de celui auquel on vous envoie. Mais à votre premier voyage nous étions en paix avec le scheich de Bornou, et maintenant il est notre ennemi; personne ne peut donc nous blâmer de vous empêcher de lui porter des munitions de guerre.

Nous continuerons à garder notre foi envers vous, et nous vous rendrons tous les services que nous pourrons vous rendre, parce que nous vous considérons comme un bon et fidèle ami, et que nous vous accordons une haute estime. N'usurpez rien sur nous, et nous n'usurperons rien sur vous. Nous savons que nous avons à la fois nos droits à maintenir et les vôtres à proteger.

chez les Molonas, les Bihé, les Cassange, dans le Congo : chez les Movizas, dans la Monomotapa ; chez les Betjuanas, les Maquinis et autres peuples de l'Afrique australe. Partout enfin ces écoles arabes doivent répandre quelques germes d'instruction : partout aussi les besoins indispensables de la vie ont créé des travaux utiles ; sur divers points l'agriculture et l'industrie sont en honneur ; à diverses époques de l'année, des marchés considérables réunissent les produits indigènes, et un continuel commerce d'échanges se fait par les caravanes qui parcourent en tous sens l'intérieur et portent au loin les idées de la civilisation, civilisation lente et imparfaite encore, nous l'avouerons, mais gagnant chaque jour des forces et du terrain. A côté d'étranges mœurs, d'absurdes superstititions et des féroces coutumes de l'anthropophic, on est surpris de rencontrer quelquefois des notions simples et vraies d'une justice instinctive et la pratique des devoirs de l'hospitalité et de la famille. Dans les contrées les plus reculées, parmi les hordes les plus sauvages, il n'est pas rare de découvrir quelques curieux accidens de civilisation qui, comme de vertes et fraîches oasis jetées dans cette mer de sable, rompent la brûlante uniformité du désert. En définitive, en n'acceptant qu'avec réserve et à titre de simples espérances les assertions pleines de confiance des voyageurs qui ont le plus récemment et le mieux exploré l'intérieur (1), nous sommes fon-

(1) Après son expédition dans l'intérieur de l'Afrique par le Niger et le Querra en 1834, le compagnon de Lander, M. Laird, s'exprimait ainsi : « Je puis affirmer que tous les négocians européens seront reçus à bras ouverts par tous les habitans de l'intérieur de l'Afrique : ils n'y trouveront aucune disposition hostile ; partout on les traitera avec res-

dés à conclure qu'en Afrique la civilisation n'est pas une œuvre problématique, et qu'elle est plus qu'une question de temps.

La condition malheureuse des nègres d'Afrique qu'un préjugé barbare semble avoir condamnés à l'esclavage depuis les temps les plus reculés, mérite de fixer la sollicitude des amis de l'humanité et de la civilisation. Il ne faut pas oublier que les différentes races noires forment plus des deux tiers de la population africaine, laquelle n'est pas moindre de 60 millions d'hommes. Doué sans doute de moins d'activité et d'aptitude intellectuelle que les Arabes du nord, le nègre est plus doux, plus capable d'affections domestiques, exempt d'ailleurs des fanatismes de religion et de nationalité; tout prouve qu'il se rapprocherait facilement des Européens dès qu'il ne devrait plus les craindre, et que sa dégradation morale n'est due qu'à l'esclavage lui-même. Un fait important, et qui répandra une nouvelle lumière sur les questions qui nous occupent, c'est que, contrairement à ce qui a été observé dans les autres parties du globe, les peuples du centre de l'Afrique paraissent généralement plus avancés dans la civilisation que les habitans des côtes. Ce fait anormal s'expliquera par l'existence déjà ancienne de la traite des nègres qui a dû entretenir l'avarice et la cruauté des peuplades voisines

pect et bonté, et sur les bords du Niger la vie et la propriété seront aussi en sûreté que sur ceux de la Tamise. La seule chose qui empêche les nations de l'intérieur de trafiquer avec les Européens établis sur la côte, c'est la terreur que porte avec lui le nom d'homme blanc; terreur habilement propagée par les chefs des peuplades de la côte, ce qui tend à maintenir la désorganisation du pays produite par la traite.«

du littoral. Malgré les ordres des gouvernemens et la vigilance de leurs croisières, la traite est encore vivante et tolérée : dans les ports de l'Europe, des sociétés en commandites se forment publiquement pour exploiter cette abominable branche de commerce : les marchands d'esclaves viennent échanger l'or et les boissons irritantes contre des cargaisons de chair humaine ; les chefs de tribus font la chasse aux hommes ; les frères vendent leurs frères, les mères, leurs enfans... Ah ! pour ces malheureux, ignorant peut-être du bien et du mal, on peut concevoir encore ce monstrueux abus de la force brutale ; cela est moins pénible et plus lucratif que de cultiver la terre et de se livrer à quelque industrie ; mais qu'arrive-t-il ? les victimes maudissent les blancs, les tribus de l'intérieur nourissent contre tout européen d'invincibles défiances, et souvent elles repoussent comme un piége le progrès qu'on tente de leur apporter. Abolissons donc l'odieuse traite qui, chaque année, enlève à l'Afrique 80,000 de ses enfans ; fermons pour toujours la source immorale ouverte à la cupidité de ces peuples, et ils seront forcés de chercher leur existence dans une honnête industrie, et vous les lierez par leur propre intérêt à la cause de la civilisation (1) !

(1) Lorsque les marchands d'esclaves seront définitivement expulsés du bord des fleuves, la civilisation de l'Afrique commencera : le meurtre, le pillage et la barbarie disparaîtront avec ces misérables. — C'est donc, nous le répétons, vers cette partie du monde que la philantrophie éclairée doit principalement diriger son attention, c'est elle qui, par le

Il nous reste à dire quelle a été l'action des nations étrangères en Afrique, et leur influence sur le sort de ce continent.

Les différentes entreprises de l'Europe ont emprunté aux croyances, aux passions, aux intérêts de chaque époque leur cause et leur physionomie distinctives : aux XIIe et XIIIe siècles, elles eurent un caractère uniquement religieux : La délivrance du saint sépulcre, le rétablissement du christianisme dans les contrées soumises aux Infidèles, tel fut le but saint des croisades ; quant aux intérêts temporels, les chefs eux-mêmes s'en préoccupaient fort peu, et c'est en vain qu'on chercherait dans ces folles et brillantes expéditions des vues de commerce, une arrière-pensée de colonisation, un système bien arrêté pour tirer parti de la conquête. Aussi les croisades n'ont rien fondé. Toutefois, on ne peut nier qu'en rapprochant des peuples, des langues, des religions, des usages si différens, ces guerres lointaines n'ayent éveillé de nouvelles idées, de nouveaux besoins, et n'ayent hâté pour l'Europe, l'Asie et pour l'Afrique elle-même le progrès des lumières, du commerce et de la navigation. Malheureusement, dans les premières croisades, les chevaliers et les clercs qui les accompagnaient ignoraient la langue, l'histoire, les antiquités du pays. La première fois qu'ils trouvèrent des livres arabes, les clercs dirent que ces livres, écrits en caractères diaboliques, ne pouvaient être que l'œuvre du démon. A la seconde croisade, entreprise

malheur de sa condition présente, sa vaste étendue, son immense population, doit surtout exciter toutes les sollicitudes de l'Europe.

(Quarterly Review.)

2

par saint Louis sur les côtes d'Afrique, dans la pieuse illusion de convertir le roi de Tunis, les plus lettrés n'avaient pas même assez de savoir pour explorer avec fruit les ruines antiques dispersées sous leurs pas. Ce ne fut qu'au treizième siècle qu'on commença en Europe à étudier les langues d'Orient : on les enseigna d'abord dans les écoles des frères prêcheurs et mineurs; un décret du concile de Vienne ordonna que, dans les écoles de Louvain, de Salamanque et de Paris, on apprendrait la langue des Arabes et des Tartares. Cette étude, dit le savant auteur des croisades, fut surtout encouragée par les pontifes lorsqu'on renonça à la guerre et qu'on envoya des missionnaires dans l'Orient

Au XVe siècle, les tentatives de l'Europe changent de caractère, car la tendance de l'époque n'était déjà plus la même : grâce aux progrès de la navigation et à l'invention de la boussole, un esprit de découvertes et d'aventures travaillait surtout les nations méridionales. Les Portugais étaient vivement poussés vers les entreprises maritimes par le génie de leurs souverains, plus éclairés que leur siècle, et qui se sentaient mal à l'aise dans leurs étroites dépendances de la péninsule. C'est de 1415 que datent leurs premières expéditions en Afrique. La ville de Ceuta en Barbarie fut enlevée aux Maures; Madère fut découverte et occupée dans l'Atlantique; après avoir exploré neuf cent milles de ces côtes encore inconnues pour chercher le fameux promontoire qui était le seul passage des Indes orientales; l'amiral Barthélemy Dias signala enfin le cap des Tempêtes que le roi Jean II, dans son enthousiasme, appela le cap de Bonne-Espérance. Les Portugais s'établirent sur les côtes de la Guinée et de la Nigritie, où ils échangèrent leurs marchandises contre de l'or et de l'ivoire, et, pour mieux assurer leurs conquêtes ils élevèrent des forteresses, pénétrèrent dans l'intérieur jusqu'à Tombouctou, et favorisèrent leur commerce par un établissement dans l'île d'Arguin. Vers la fin du XVe siècle, quand Vasco de Gama eut conquis au roi Emmanuel de vastes contrées en Asie, ils reconnurent la côte orientale d'Afrique dans l'océan Indien, et prirent possession d'une grande partie du Mosambique. Sans doute, ces hardis étrangers rencontrèrent de grands obstacles dans les défiances des indigènes, et dans la haine des Arabes très-influens sur ces côtes, et qui, représentant les nouveaux venus comme des pirates, cherchaient à soulever contre eux les populations encore sauvages. Mais, plus habiles à conquérir qu'à coloniser, les Portugais ne montrèrent pas toujours la prudence et l'humanité désirables : ils ne firent rien ou peu de chose pour 'e bien-être des naturels. Tout en s'efforçant de répandre la religion chrétienne, ils négligèrent l'instruction qui pouvait seule préparer les esprits à l'abandon des fausses idolâtries.

Vers le XVIe siècle, les Espagnols, chez qui s'était développé non moins énergiquement le goût des expéditions maritimes, commencèrent à tourner leurs regards du côté de l'Afrique. Ils s'emparèrent successivement des sept îles des Canaries et d'une partie du littoral de la Guinée, positions qu'ils avaient reconnue favorables pour leur commerce avec les Indes Orientales dont ils voulaient aussi partager les richesses : ensuite, le désir de se venger de toutes les dévastations commises par les Maures en Espagne, les entraîna dans plusieurs expéditions contre ces barbares redoutables dont la marine les menaçait encore. Pendant plus d'un siècle que durèrent ces sanglantes représailles avec de continuelles alternatives de succès et de revers, Tunis, Bone, Bougie, Tanger, Ceuta, furent plusieurs fois pris et repris; Alger seule eut la gloire de résister à l'armée de Charles V, qui, lui-même, parut dans cette arène où tous les archiducs et les rois catholiques des Espagnes tenaient à honneur d'aller combattre et punir les anciens oppresseurs de la Péninsule. La découverte de l'Amérique, le plus grave événement du quinzième siècle et qui ne fut séparé de la découverte du passage des Indes Orientales que par un intervalle de quelques années, vint absorber toute l'attention et les forces de l'Espagne : l'Afrique fut désormais négligée pour les riches conquêtes du Nouveau-Monde, et de toutes leurs anciennes possessions dans l'empire de Maroc, les Espagnols n'ont plus conservé que Ceuta, où ils envoient leurs condamnés aux travaux publics, et quatre autres petites places fortifiées, d'où la civilisation n'ose pas s'avancer dans l'intérieur, car le pouvoir des commandans ne s'y étend pas au-delà de la portée de leurs canons.

Au XVIIe siècle, cette aventureuse passion des découvertes, qui, dans les siècles précédens, forme la curieuse physionomie de quelques peuples, commence à être dirigée par la politique plus positive des gouvernemens. Ces hardies et brillantes conquêtes, l'esprit spéculateur cherche encore à les agrandir, mais afin de les rendre utiles : c'est l'origine des grandes compagnies commerciales qui se formèrent d'abord en Hollande, puis en Angleterre et en France, et qui gouvernèrent par le monopole de vastes et lointaines colonies. La Hollande avait compris la première quelle source de richesses seraient pour son commerce les récentes découvertes en Afrique et aux Indes, et ses flottes qui n'avaient encore navigué que sur les mers voisines de l'Europe, suivirent, dans l'Atlantique, les routes frayées depuis un siècle par les Portugais. Grâce à l'affaiblissement de la puissance de ces derniers, les Hollandais devinrent bientôt maîtres d'une grande partie du continent et des îles asiatiques; ils avaient besoin d'un lieu de relâche pour leurs vaisseaux qui allaient aux Indes on qui en revenaient. Le docteur Van Riébec leur indiqua le cap de Bonne-Espérance, que les Portugais avaient eu le tort de négliger, et dès l'année 1600, la compagnie hollandaise des Indes y établit une station. En 1652 elle y avait fait élever une ville considérable ; des Français s'expatriant après la révocation de l'édit de Nantes y cherchèrent un asile : des Allemands s'y fixèrent aussi ; enfin jusqu'en 1795, la colonie se maintint en voie de progrès. A cette époque, la décadence de la puissance néerlandaise dans les Indes amena la perte de cet important établissement, et la Hollande ne possède plus en Afrique que quelques forts sur la côte d'Or et dans l'empire d'Achante.

L'Angleterre vint ensuite disputer ce magnifique empire des Indes qui devait un jour lui rester ; toute entière à ce grand intérêt, elle ne s'occupa de l'Afrique que sous le point de vue de ses possessions en Asie, et afin d'assurer la sécurité d'une longue et difficile navigation. Dans l'atlantique, Saint-Hélène offrait un bon mouillage et de l'eau exellente; dés 1673, l'habile et puissante compagnie des Indes obtint de l'Espagne la cession de cette île ; à l'extrémité de l'Afrique méridionale, ses vaisseaux manquaient d'un lieu de relâche et de rafraîchissement : en 1796, les troupes britanniques enlevèrent aux Hollandais l'importante position du cap que l'Angleterre convoitait depuis si long-temps, et dont elle a fait la plus forte place et l'une des villes les plus européennes de l'Afrique. Grâce à l'esprit colonisateur qui distingue si éminemment cette nation, l'établissement du cap a grandi : des écoles élémentaires ont été ouvertes, et les indigènes montrent quelque aptitude pour les travaux industriels. Les peuplades voisines, les Cafres et les Hottentots, que leur dévorant soleil semble condamner à la paresse et à l'abrutissement, ont elles-mêmes éprouvé dans leur condition intellectuelle quelques améliorations qu'il faut attribuer à l'enseignement des frères moraves et des autres communautés chrétiennes qui ont porté les premières connaissances et les bienfaits du christianisme dans les divers cantons de la colonie.

La France ancienne, la France de Louis XIV surtout, a fait de grandes choses en Afrique. A cette glorieuse époque, notre pavillon se montrait avec honneur sur toutes les mers : dans l'Océan indien, nous fondions des colonies à l'île Bourbon, à Maurice, dans le groupe des Sechelles, et sur les côtes de Madagascar ; dans l'Atlantique, des Français, de l'expédition de Jennequin, s'établissaient au Sénégal, d'où notre action civilisatrice s'est depuis étendue dans l'intérieur de la Sénégambie par nos écoles de Gorée et de Saint-Louis. Dans la Méditerranée, nos flottes réprimaient l'audace, toujours renaissante, de la piraterie barbaresque ; notre commerce formait un durable établissement au fort La Calle, et Duquesne et d'Estrées bombardaient l'orgueilleuse Alger, qui nous rendait les esclaves chrétiens; et, dans sa terreur, envoyait des ambassadeurs à Paris pour implorer la clémence du grand roi.

Vers la fin du XVIIIe siècle, les questions de liberté, d'égalité et d'abolition de l'esclavage commençaient à remuer l'ancien et le nouveau monde; ces efforts de la philanthropie devaient réagir sur la malheureuse Afrique, où, depuis des siècles, tous les peuples venaient impunément recruter des esclaves. Dès 1787, le gouvernement Danois, qui, en Asie et en Afrique, a eu le rare mérite de faire beaucoup avec de faibles ressources, fonda la première colonie des nègres libres sur la côte d'Or et la côte des Esclaves. La prospérité de cet établissement, sagement administré par le respectable Isert qui introduisit parmi les nègres d'Aquapim la première charrue d'Europe, décida son successeur, M. Flint, à former, près d'Akkrab, une seconde colonie; elle a réussi également, et la digne sœur de cet homme de bien enseigna aux négresses l'art de filer le coton, ainsi que d'autres travaux de femme. Cette petite colonie, dont Christiensburg est le chef-lieu, mérite de fixer l'attention. Les progrès que les indigènes ont faits dans les arts utiles sont très-remarquables : et ce qu'il est permis d'attendre de toute émancipation sagement préparée; les nègres n'abusent point de la liberté dont on les laisse jouir.

Déjà l'abbé Grégoire, en France, les Wilberforce, les Clarkson, les Buxton, en Angleterre, avaient éloquemment plaidé, par la presse et à la tribune, la cause de la liberté des nègres. En 1787, une société, à la tête de laquelle s'étaient placés les

honorables Granville, Sharp, Wadstrom, Afzelius, Winter-
bottom, Watt, Beaver, fonda la colonie de Sierra-Léoné sur
la côte de Guinée. Le premier et principal but de la société
était l'abolition de la traite des nègres : en même temps on
voulait :

1° Éclairer les Africains sur leurs véritables intérêts et leur
faire comprendre l'avantage qu'il y aurait pour eux à substituer
un commerce lucratif à la vente des esclaves ; 2° introduire
dans cette partie du monde les améliorations et les arts industriels de l'Europe ; 3° encourager la culture du sol de l'Afrique
et substituer le travail libre au travail des esclaves ; 4° établir
à Sierra-Léoné une grande école dans laquelle les jeunes Africains s'instruiraient dans les lettres, l'agriculture et les arts
qui s'y rattachent ; leur apprendre à cultiver la canne à sucre,
le café, le coton, l'indigo, etc. ; 5° propager le christianisme.

Ce programme a été suivi avec une persévérance digne des
plus grands éloges : des écoles et des ateliers s'établirent d'a-
bord sur le littoral ; plus tard, on jugea utile d'en créer dans
l'intérieur, jusqu'aux limites de Dahomey. L'action de ces
nombreux foyers d'instruction a été fort utile. Malheureusement, la colonie dont le climat était des plus insalubres et
dont le sol marécageux a été reconnu peu favorable à l'agriculture, n'a pas répondu aux espérances de ses fondateurs et aux
efforts du gouvernement.

Éclairé par l'expérience, on s'est décidé à abandonner ces
coûteux établissemens, et à les transporter à Fernand-Po, île
charmante du golfe de Guinée, où le gouvernement anglais
trouvera tous les avantages qui manquaient à Sierra-Léoné. La

nouvelle colonie est déjà florissante : les indigènes y produisent un coton admirable. Fernand-Po est devenu l'entrepôt des marchandises anglaises, et de ce point, rapproché de plusieurs grands fleuves par lesquels on peut pénétrer dans l'intérieur, l'influence du commerce et de la civilisation sera plus prompte et plus facile.

Les Américains ne sont pas restés étrangers à ces tentatives de la philanthropie européenne. En 1821, la société de colonisation, par ses propres ressources, a fondé dans la Guinée, sur les bords du Mesapado, une petite colonie qui a reçu le nom de *Liberia*, parce qu'elle ne doit être habitée que par des hommes libres. Elle se compose en grande partie de nègres émancipés et de ceux qu'on délivre sur les bâtimens des négriers. Après avoir résisté aux attaques de ses voisins qui s'étaient ligués contre elle, *Liberia* entretient de pacifiques relations avec les tribus de l'intérieur, et les plus récens rapports nous montrent cette interresante colonie dans une situation tout-à-fait favorable.

Mais tous les regards, tous les vœux des amis de l'humanité se tournent vers l'Algérie, cette vaste et belle colonie sans esclaves ; c'est là qu'est le grand foyer de la civilisation étrangère ; c'est là qu'est l'avenir de l'Afrique. Après trop d'incertitudes, après quelques erreurs, peut-être, la colonisation marche dans une voie intelligente de progrès et de stabilité. D'importans travaux, achevés ou près de l'être, dans l'intérêt de l'agriculture et du commerce, l'aggrandissement de nos ports d'Alger et de Stora, la fondation de Philippeville, la prise de Constantine et de Gigelli, prouvent aux populations que la France veut garder sa conquête, et ces grandes améliorations assurent la sécurité des nombreux intérêts français et européens qui ont pris racine sur le sol de l'Algérie. Parmi les actes les plus propres à étendre l'influence française, il faut placer au premier rang la création des routes militaires qui ouvriront l'intérieur à nos produits et à nos idées, l'admission des chefs indigènes à des emplois qui en feront d'utiles intermédiaires entre l'administration et les tribus, la formation de corps indigènes, l'appel en France des principaux chefs arabes qui pourront redire à leurs compatriotes les merveilles de notre civilisation et la puissance de la France. — Ce rapprochement si désirable doit être encore puissamment favorisé par la création, à Paris, d'un collége arabe, où les jeunes Africains recevront une éducation française et où les jeunes français pourront s'instruire dans la langue, l'histoire et la littérature arabes. Cette mesure pleine de prévoyance honore le ministre qui l'a proposée : elle doit avoir une haute influence sur l'avenir de l'Afrique. C'est combattre l'ignorance et les préjugés actuels dans la partie de la population où ils ont acquis le moins de force, c'est s'emparer de la génération qui s'élève, c'est préparer habilement la fusion des deux pays (1).

En attendant ces pacifiques conquêtes de l'intelligence, il ne faut pas se le dissimuler, la force doit encore dominer là où la force est érigée en droit : chez un peuple fanatique et belli-

(1) Un des hommes qui ont le mieux compris la civilisation et le plus fait pour elle en Égypte, le savant M. Jomard a dit : « Pour civiliser » un pays, il faut commencer par l'éducation, comme on commence un » jardin par les plantations et un édifice par les fondemens. »

queux, la supériorité de notre justice doit encore se tra-
duire par la supériorité de nos armes. Ainsi on peut dire que
la victoire de Constantine a été politique et civilisatrice,
car elle a promptement amené la pacification de toute la
province.

Le fanatisme religieux sera, sans doute, long-temps encore
un grand obstacle à la civilisation ; mais, pour le combattre,
l'arme la plus sûre sera la tolérance. Près du temple chrétien
où l'éloquent et pieux évêque d'Alger appéle les bénédictions
de Dieu sur les entreprises de nos soldats et sur les récoltes des
colons, que les mosquées du musulman soient entourées d'une
égale protection ! les Arabes et les Turcs respecteront d'autant
plus notre culte que nous respecterons le leur. Si l'influence de
notre religion et de nos mœurs amène de nouvelles convictions parmi eux, que ces convictions soient libres, et non l'œuvre
de la force ! Dans l'ancienne Afrique, la parole de saint Augustin
a fait plus de chrétiens que n'en ont conquis toutes les armées
des croisades.

L'émancipation intellectuelle de l'Afrique est, on le voit,
placée sous la tutelle et la philantrophie des peulpes les plus
éclairés. Partout le mouvement est donné : tandis que la
France enveloppe le nord d'un vaste et puissant réseau de civilisation , les Anglais, les Américains, le Danemack poursuivent
au sud et à l'occident les pacifiques progrès d'une colonisation
ondée sur l'abolition de l'esclavage et sur le travail libre des
indigènes. La Hollande, à qui la paix va permettre de réparer
ses pertes coloniales, est appelée à reprendre en Afrique la
position qui lui appartient comme nation commerciale et ma-

ritime. Maîtres encore d'îles importantes dans l'océan Atlantique et de vastes provinces continentales, les Portugais sen-
tiront bientôt la nécessité de s'en occuper plus activement, afin
de remplacer la riche couronne du Brésil qui vient de lui échap-
per. La séparation des colonies américaines d'avec leur métro-
pole a dû prouver aussi aux Espagnols que les états, qui ont
perdu leur marine, doivent rechercher des colonies peu éloi-
gnées, et sous ce point de vue, l'Afrique convient parfaitement à l'Espagne, que quelques lieues de mer seulement
séparent de ses possessions dans l'empire de Maroc.

Quant aux autres nations de l'Europe, leurs sympathies et
leur propre intérêt les rattachent étroitement à la cause africaine. L'Autriche, qui, par ses ports de Trieste, de Fiume et
de Venise, ouvre à sa marine les mers du Levant, fait surtout
avec l'Egypte des affaires considérables; les états de l'Italie,
Naples, la Sicile, Malthe, Gênes, Livourne, ont en Afrique d'anciennes relations de commerce qui doivent s'étendre dans l'avenir. La Suisse, la Belgique, la Bavière, le
Wurtemberg et divers états de l'Allemagne sont depuis quelque temps travaillés par un esprit d'émigration qui pousse encore
vers l'Amérique un très-grand nombre d'artisans et de cul-
tivateurs. Si une vaste colonisation offrait en Afrique avantage,
sécurité, protection, ces hommes entreprenans s'y porteraient

---

(1) Des documens commerciaux très-exacts évaluent, chaque année,
à quarante mille le nombre des allemands qui s'embarquent dans les ports
hollandais. Celui des émigrés d'Allemagne et de Suisse qui traversent la
France varie de vingt à vingt-cinq mille.

en foule, et nul doute que leur caractère persévérant, leur esprit réglé ne remplissent parfaitement les conditions de l'œuvre coloniale. Pourquoi d'ailleurs les états de l'Europe qui n'ont point de colonies, ne chercheraient-ils pas à former pour leur propre compte et, à l'exemple du Danemarck, quelques colonies agricoles sur ce vaste et fertile continent? Ainsi que tous les autres mondes que la civilisation a conquis, l'Afrique appartient à l'intelligence; la barbarie doit être mise hors du droit commun, et la politique, d'accord avec l'humanité, ne saurait reconnaître ni défendre l'étrange légitimité de l'abrutissement. Quels temps, d'ailleurs, seraient plus favorables à cette pacifique croisade de la civilisation? La paix dont jouit l'Europe, la bienveillance réciproque qui a si heureusement remplacé l'étroit et gothique esprit des jalousies et des vanités nationales, l'essor donné au commerce et à l'industrie, les progrès de la navigation par la vapeur qui rapproche les colonies des métropoles, et la facile formation de compagnies coloniales par le principe fécond de l'association, tout favoriserait ces grandes entreprises qui, en servant la noble cause de l'humanité et de la civilisation, feraient la fortune des peuples et la gloire des gouvernemens.

Le moment était donc venu de réunir dans un centre commun les divers élémens de civilisation indigène et étrangère qui peuvent fructifier sur la terre d'Afrique, afin d'en hâter le développement et de leur donner l'unité et la direction qui leur manque.

Telle est le but, telle sera la tâche de la *Société d'Afrique*.

Ainsi l'ancienne et féconde pensée du glorieux fondateur

de l'*institut d'Egypte* ne sera pas perdue; elle est reprise et continuée sur un plan plus large, plus complet, plus conforme aux idées qui ont marché depuis et aux nouveaux intérêts qui se sont établis entre l'Afrique, la France et les autres peuples.

de l'*institut d'Egypte* ne sera pas perdue; elle est reprise et continuée sur un plan plus large, plus complet, plus conforme aux idées qui ont marché depuis et aux nouveaux intérêts qui se sont établis entre l'Afrique, la France et les autres peuples.

SOCIÉTÉ D'AFRIQUE.

L'Angleterre, qui a compris que la civilisation est un sûr moyen d'étendre et de consolider son influence dans les Indes, n'a rien négligé pour y répandre les connaissances européennes. En même temps, elle a dirigé l'attention des esprits sérieux vers des recherches scientifiques et littéraire sur l'Asie. C'est dans ce but qu'ont été établies les anciennes sociétés de Calcutta et de Bombay, et plus récemment la Société royale asiatique, qui a été formée à Londres, en 1823. Les souverains de l'Angleterre, les hommes d'état, les savans, les membres de la chambre des lords et de celle des communes, les officiers des armées de terre et de mer, enfin les hommes les plus distingués de la Grande-Bretagne, sont membres de la Société Royale Asiatique. Ce titre est souvent accordé à des souverains étrangers : dernièrement, le grand seigneur a accepté avec empressement le diplôme d'associé que la société lui a fait offrir par l'ambassadeur de la Turquie. Le rajah de Tanjore a été nommé premier membre honoraire, pour le récompenser des services qu'il a rendus à la civilisation; ce prince s'est montré infiniment sensible à cette marque d'estime.

La *Société d'Afrique* a un but et des attributions semblables. Elle encouragera toutes les recherches sur l'état physique et moral de ces contrées encore trop peu connues ; elle s'efforcera d'améliorer la condition et l'avenir des peuples en les arrachant à l'ignorance et aux superstitions sous le joug desquelles ils gémissent. Un seul point distinguera la *Société d'Afrique* : elle croit que, pour faciliter cette œuvre civilisatrice, il faut étendre la sphère d'action et multiplier les agens ; elle appellera donc toutes les nations éclairées à s'associer à ce grand et noble travail de colonisation et de civilisation déjà entrepris par plusieurs d'entre elles avec autant de zèle que de succès.

La *Société d'Afrique* restera toutefois une institution française : ses premiers fondateurs sont français ; c'est la France qui a pris la plus grande part au mouvement civilisateur en Afrique, et c'est elle encore qui, dans cette cause, a le plus d'intérêts engagés. La Société, on le conçoit, s'occupera de l'Algérie avec toute la sollicitude que la France elle-même porte à sa naissante et belle colonie. L'Algérie, c'est la fortune de Marseille, du midi ; c'est l'espoir, l'orgueil, la prédilection du pays tout entier ; elle exerce utilement notre marine marchande ; elle est, pour nos armées de terre et de mer, ce qu'ont été les Indes pour les forces britanniques, une école pratique de manœuvre et de guerre ; puisque la paix leur refuse des champs de batailles en Europe, nos braves soldats, nos dignes officiers prouvent en Afrique que la jeune armée française ne dégénère point de ses glorieuses aînées ; enfin l'Algérie est populaire en France.

La *Société d'Afrique*, qui n'aura point à examiner et à

juger les actes politiques des gouvernemens, ne restera étrangère à rien de ce qui intéresse les sciences et les arts dans leurs rapports généraux et particuliers avec l'Afrique. Les antiquités, l'histoire, les langues, la littérature, les mœurs, les sciences physiques et géographiques, et toutes les autres connaissances humaines, seront l'objet constant d'études spéciales, approfondies; l'agriculture, le commerce, l'industrie, seront envisagés comme sources fécondes de richesses pour les peuples et comme moyens puissans de civilisation.

La Société signalera et favorisera les explorations des voyageurs, les travaux des savans, les entreprises des colons, ainsi que toutes les tentatives de réforme et d'amélioration qui viendront du propre fait des indigènes; enfin elle propagera parmi les populations où l'ignorance et les superstitions opposent le plus de résistance, les connaissances usuelles, les notions vraies, les procédés applicables, qui, en améliorant l'intelligence des hommes, améliorent leur condition.

Dans ces divers intérêts qui appelleront toute sa sollicitude, la *Société d'Afrique* ne pouvait pas oublier ceux de notre armée et de notre marine, qui furent et seront longtemps encore le puissant auxiliaire de la civilisation en Afrique. D'ailleurs l'histoire de nos expéditions militaires et maritimes dans l'Algérie se rattache naturellement à l'histoire physique et morale du pays, et nos officiers de terre et de mer, nos administrateurs militaires, nos officiers de santé, dont l'instruction et le zèle pour l'art sont au-dessus de tout éloge, deviendront, chacun dans sa spécialité, d'utiles collaborateurs. Les différentes administrations civiles, les colons, les commerçans , qui ont étudié les besoins et les ressources de la colonie, nous fourniront de précieux documens statistiques qui éclaireront les questions portées à l'examen de la *Société d'Afrique*.

Dès son début, la Société peut compter sur l'appui des savans et des généraux illustres qui ont survécu, hélas! en trop petit nombre, à la glorieuse armée d'Orient. Ils devaient en effet protéger une institution qui marchera dans la voie civilisatrice que, les premiers, ils nous ont tracée, et qui doit continuer leur institut d'Égypte.

L'académie des sciences, qui a rédigé si habilement et avec un zèle si consciencieux des instructions pour la commission chargée de l'exploration scientifique de l'Algérie, nous avait aussi frayé en partie la route et indiqué le but. Nous sommes heureux d'ajouter que, dans toutes les classes de l'académie et de l'institut, nous avons recueilli d'honorables suffrages, et que plusieurs de leurs membres éminens ont bien voulu nous autoriser à placer leurs noms parmi les premiers fondateurs de la *Société d'Afrique*.

La commission, aux talens de laquelle le gouvernement a confié cette mission importante, était bien digne de l'accomplir. Son travail, vivement attendu, et qui, dans l'intérêt de la science et de notre colonie, éclairera des questions importantes et neuves, ouvrira en quelque sorte la série de nos propres travaux. La Société nouvelle, qui est comme une commission générale et permanente instituée pour l'Afrique, continuera ces explorations bornées, on le sait, à la seule Algérie, et les complétera en les étendant à toutes les autres parties du continent africain.

De nouveaux auxiliaires, non moins utiles que dévoués, nous sont tout naturellement acquis dans la *Société Egyptienne*, qui, sous la forte impulsion de son fondateur, Méhémet-Ali, s'est placée à l'avant-garde de la civilisation africaine. Cette société, dont les travaux méritent l'attention et la reconnaissance de l'Europe, se compose des Égyptiens qui se sont distingués dans les sciences ou les arts, dans l'armée ou l'administration. Elle compte également pour membres les Français et les Européens dont les talens concourent à la régénération et à la gloire de leur patrie nouvelle.

Profondément convaincue que l'abolition de la traite des Noirs exercera une salutaire influence sur les mœurs des populations africaines et facilitera les relations avec les Européens, la Société place au premier rang de ses devoirs celui de poursuivre énergiquement, et par tous les moyens en son pouvoir, la prompte cessation de cet odieux et infâme commerce.

Pour mieux atteindre ce but, elle unira ses efforts à l'honorable sollicitude de la Société spécialement formée à Paris pour l'abolition de l'esclavage.

Elle se mettra en rapport direct et actif avec la *Société anglo-africaine* et la *Société américaine de colonisation*, qui ont rendu tant de services à la cause que nous défendons, et avec toutes les autres institutions françaises ou étrangères dont les travaux se rapprochent de notre but et de nos principes. Enfin la Société fait un appel aux lumières et à la philanthropie de tous les hommes honorables qui, sur les différens points de l'Afrique, concourent, selon leurs forces et leurs moyens, aux progrès de l'œuvre civilisatrice.

La Société d'Afrique est divisée en six classes dont les attributions respectives ont été fixées ainsi qu'il suit :

1re *classe*. Histoire, langues, littérature, beaux arts, antiquités, mœurs, religions.

2e *classe* : Sciences mathématiques et physiques, botanique, zoologie, géologie, minéralogie, topographie, hygiène.

3e *classe* : Économie politique, statistique générale, législation, administration, finances, travaux publics, etc.

4e *classe* : Agriculture, Commerce, industrie.

5e *classe* : Histoire, sciences et arts militaires.

6e *classe* : Histoire, sciences et arts maritimes.

La Société s'occupera de former au siége de son établissement :

1° Une bibliothèque, composée d'ouvrages anciens ou nouveaux, français ou étrangers, et des meilleures cartes sur l'Afrique, ainsi qu'un choix des livres publiés en arabe et dans les autres langues africaines ;

2° Un musée où seront réunis des objets de science, d'arts, d'antiquités, et les divers produits de l'industrie des peuples d'Afrique ;

3° Des collections renfermant les productions les plus remarquables en Afrique dans les trois règnes de la nature.

Tous les ans, la société mettra au concours six grandes questions proposées et déterminées par une commission choisie dans chacune des six classes. Les conditions du concours et la nature des prix seront fixés ultérieurement. Les Français et les étrangers pourront concourir.

En dehors de ces distributions annuelles, la société donnera des médailles d'or à tous les Français ou étrangers qui, par l'exploration d'un point du continent africain, par des recherches scientifiques, par un ouvrage reconnu utile, ou par un progrès dans l'agriculture, le commerce ou l'industrie, aura mérité la reconnaissance de la Société.

Les Arabes, les Maures, et généralement tous les habitans de l'Algérie et de la province de Constantine, qui se seront distingués par un service rendu à la civilisation et à l'humanité, auront droit aux mêmes récompenses.

Des médailles d'or seront également remises à tous les chefs d'états ou de tribus qui, en favorisant parmi leurs sujets l'instruction, l'agriculture et le commerce, ou en réprimant l'odieuse traite des nègres, auront mérité la gratitude de leur pays du monde tout entier.

A ces récompenses, la *Société d'Afrique* pourra joindre l'envoi d'un diplôme de membre de la Société.

Afin de populariser les connaissances utiles en Afrique, la Société fera rédiger en langue arabe ou dans les divers dialectes en usage dans chaque pays, des petits livres élémentaires propres à répandre des notions vraies, usuelles, praticables, et à faciliter les progrès de la civilisation.

La société publiera ses travaux et ses délibérations, ainsi que les documens qui lui seront envoyés dans une revue mensuelle qui prendra le titre de *Journal de la Société d'Afrique.*

Ce journal sera adressé à tous les membres de la Société et à toutes les associations savantes et philanthropiques du globe. Il sera également envoyé aux souverains de l'Afrique et aux chefs de tribus qui se montreront les amis de l'humanité et de la civilisation.